本书出版受北京交通大学项目基金资助

各美其美，美人之美，美美与共，殊方共享！

地下宫殿

莫斯科地铁

MOCKOBCKOE METPO

张淘 著

中国建筑工业出版社

序　一

　　《地下宫殿 莫斯科地铁》这本书勾起了我对留苏岁月和与莫斯科地铁之缘的难忘回忆！

　　20世纪50年代，与数以万计赴苏联学习先进的科学技术、心怀将祖国建设成科技强国梦想的留苏学子一样，紧张地度过了我的留苏学习生活。时光荏苒，沧桑巨变，几十年过去了，留苏时代的中国梦如今在习近平主席领导下在我们有生之年正在实现，甚是欣慰。

　　莫斯科地铁将城市交通与建筑艺术完美地结合在一起，创造了高效便捷的交通运输工具和经典不朽的历史文化纪念碑。莫斯科地铁自20世纪30年代建设之初，便与苏联初期的"新莫斯科"城市建设与发展规划密切相连，经过80多年的发展，现今它以14条线路和近400公里总长度的线网，像一张巨大的蜘蛛网，纵横交错地覆盖着莫斯科城市，其日均900多万人次的运量在世界城市地铁中也名列前茅。莫斯科地铁被认为是世界上漂亮的地铁，漫步其中，恍若身处富丽堂皇的地下宫殿。莫斯科地铁不只是连接生活和工作的交通网，还体现对人民的关怀与体贴。

　　此书作者张淘是我的留苏后辈校友。难能可贵的是，他能够以中国人的视角观察理解莫斯科地铁的建筑及其装饰艺术，用自己手中的相机拍照，并参照历史资料加以深入研究。此书依照历史年代的次序，通过丰富的历史文化信息，对莫斯科地铁车站的风格特点、装饰艺术、建筑环境、建筑师和艺术家等进行了系统地描述和全面详尽地介绍。在此，我衷心祝贺《地下宫殿 莫斯科地铁》的出版发行，希望此书能够为我国城市轨道交通建设与发展提供有益的借鉴与参考。

范伸衡

中国工程院院士

序　二

欣闻此书出版，恭喜恭贺，并以二三小记兼作序！

张淘是我的老同学，我们同为生于20世纪60年代的"新一辈"。

20世纪90年代，风华正茂的张淘满怀一腔热血远赴俄罗斯公派留学，那是求学与奋斗和报国密切相连的时代。团结奋斗、顽强拼搏、刻苦学习、勤奋攻读是时代的底色，也是老同学的追崇，那时候，我们奋斗的动力来自于"从我做起，从现在做起"的激励和为振兴中华而读书的崇高理想。记得，张淘常把他的奖学金和国内工人农民的工资收入相比较，对比的结果就可以简单直观地得出国家培养一名留学生的财政花费。这笔经济账意蕴深长，它说明了后辈学人对前辈师长光荣传统的继承、对祖国和人民养育之恩的感怀以及对未来责任与使命的铭记。

当我们谈起留学生活时，张淘总是念念不忘自己的俄罗斯老师，在课堂上他的老师们教授理论、讲解专业、传授技能，此外，他们还谈论文化和艺术，学习普希金、托尔斯泰的作品等。在生活中，在张淘艰难困苦的时候，老师们给予他亲人般的关怀与无私的帮助。写此序言前，老同学特意叮嘱我要写上他老师的名字，这几位俄罗斯恩师是莫斯科交通大学原第一副校长亚·维格那诺夫教授、亚·戈鲁别娃教授和柳·亚历山德莉吉老师。令人难过的是，如今亚·戈鲁别娃教授这位博学慈爱的老人已作古。我想，这几位老师就是千百万勤劳、智慧、勇敢的俄罗斯人民的代表，他们的质朴善良与俄罗斯人民对中国人民的深情厚谊，我们将永远铭记在心！

张淘喜欢自喻为中俄友好与文化交流的民间使者，对此我完全赞同。张淘酷爱摄影，难能可贵的是，他能够将自己所见到的日常景象转化成动人的图像和画面，而且画面中的人物和风景总是充满丰富的情感。他在俄罗斯时宣传中国，把美丽的中国以影展"我的家乡"的形式展现在俄罗斯人面前；他在中国时介绍俄罗斯，把镜头里的影像变成摄影集《我眼中的莫斯科》。德高望重的前俄罗斯大使罗高寿先生在《今日俄罗斯》杂志上撰文时用"我国人民的老朋友"来称呼张淘，我想，这应该是给予他极高而又中肯的评价！

"国之交在于民相亲，民相亲在于心相通"。中俄两国是山水相连的好邻居、守望相助的好朋友、精诚协作的好伙伴。今年恰逢中俄两国建交70周年，"一带一路"同欧亚经济联盟建设的深入对接一定会不断地助力两国发展，造福两国人民。在此，我衷心地祝愿中俄两国繁荣昌盛，两国人民的友谊万古长青！

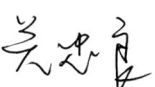

北京交通大学副校长、教授、博士生导师

前　言

　　把地铁建成恢宏壮丽的地下宫殿是俄罗斯创造的一个传奇和神话。当"地铁"与"莫斯科"相遇，便成为一个人们生活中不可或缺的交通伴侣，一座无与伦比的建筑丰碑、一道流连忘返的城市风景、一支举世闻名的艺术学派和一首英雄主义的颂歌！

　　莫斯科地铁的标志是一个火红的大写字母"M"，它形象而又准确地表达了"莫斯科"和"地铁"的双重含义。莫斯科地铁始建于1931年，经过近90年的建设与发展，目前，共有14条线路、224座车站，总长度达378.6公里，日平均运送旅客900多万人次，位居世界第五、欧洲第一。

　　莫斯科地铁既是重要的交通工具，同时也是俄罗斯民族宝贵的精神财富。它曾荣获苏联国家最高荣誉奖章列宁勋章、国防委员会红旗奖章与红旗劳动奖章，并以列宁的名字冠名；莫斯科地铁中有44座车站被列入俄罗斯"历史与文化遗产"名录。

　　如果说，卫星上天、飞船翱翔是向全世界庄严地宣告苏维埃成就的伟大，那么，莫斯科地铁则是让翻身做主的人民大众亲身体验到主人翁的骄傲和自豪。有趣的是，它们一个对外宣告，一个向内倾诉；一个九天揽月，一个地下飞奔；一个惊天动地，一个润物无声；一个彰显国力，一个百姓日常；此二者异曲同工、同宗同源！

　　作为交通运输、艺术杰作和政治现象的莫斯科地铁留给我们无数的思考与启迪。深入研究莫斯科地铁的目的是，为了文明与文化的交流和互鉴，为了学习和借鉴他人的经验与得失，为了助力方兴未艾的中国城市轨道交通事业。一言以蔽之，曰："他山之石，可以攻玉！"

目　录

第一部分　激情岁月：20世纪30年代–40年代中

20世纪30年代，年轻的苏维埃国家开始了"第一个五年计划"（1928–1932年）的建设工作，建设强大国家、建设美好生活成为当时苏联人民最重要的政治和经济任务与美好愿景。1931年，联共（布）六中全会确定修建莫斯科地铁的决议；1932年，莫斯科地铁动工；1935年5月15日，莫斯科地铁1号线（红线）正式建成通车。这是莫斯科，同时也是苏联的第一条地铁线路，该线全程为11.6公里，沿途共设13个车站。1939–1941年，莫斯科地铁又相继开通了两条线路：2号线（绿线）和3号线（蓝线）。

苏联卫国战争期间，莫斯科地铁既是交通工具，又是防空洞和避难所，还是战时国家党政机关办公处所和军事指挥中心。它为伟大卫国战争的胜利立下了汗马功劳，并书写了光荣的历史篇章。

◎ 鲍曼站大厅塔柱及雕塑

M 1号线 红门站
Красные ворота

开通时间：1935年5月15日	Дата открытия: 15 мая 1935
建筑师：伊·福明、尼·安德里卡尼斯	Архитекторы станции: И. Фомин, соавтор Н. Андриканис
地面站厅–南：尼·拉多夫斯基	Архитекторы вестибюлей: Н. Ладовский
结构工程师：阿·杰尼岑科	Инженеры-конструкторы: А. Денищенко
建筑类型：三拱塔柱深埋式车站	Конструкция: Пилонная трёхсводчатая глубокого заложения.

◎ 站台大厅塔柱及通道

　　红门站出自苏联老一辈著名古典主义建筑大师伊·福明之手。他以红色为主调，通过清晰的节奏和简朴的结构将车站设计得典雅而又庄重，再造了一座宏伟的地下"红门"。该站曾荣获1937年巴黎世博会建筑大奖。

　　形成鲜明对照的是，位于南面的地面站厅与地下站台风格迥异。建筑师尼·拉多夫斯基运用简练的设计手法，将数个形似贝壳的抽象几何形半圆体由小到大串联起来，形成灰红相间、节奏明快的构成主义建筑。该地面站厅因其卓越的艺术价值被列入俄罗斯"历史与文化纪念碑"名录。

МЕТРОПОЛИТЕН им. В. И. ЛЕНИНА

СТАНЦИЯ КРАСНЫЕ ВОРОТА

ВХОД

◎ 地面站厅建筑

开通时间：1935年5月15日

建筑师：德·切丘林、阿·塔尔霍夫

地面站厅设计师：阿·卢赫里亚捷夫、
　　　　　　　　弗·克林斯基

画家、雕塑家：叶·兰赛莱

结构工程师：尼·卡巴诺夫

建筑类型：三跨立柱浅埋式车站

Дата открытия: 15 мая 1935

Архитекторы станции: Д. Чечулин, А. Тархов

Архитекторы вестибюлей: А. Рухлядев, В. Кринский

Художники, скульпторы: Е. Лансере

Инженеры-конструкторы: Н. Кабанов

Конструкция: Колонная трёхпролётная мелкого заложения.

◎ 站台大厅设计图

　　共青团站是为表彰苏联共青团在地铁建设以及苏联社会主义建设中所做出的杰出贡献而命名，它是建筑大师德·切丘林与著名画家叶·兰赛莱共同完成的艺术杰作。

　　该站属一期地铁的标准化设计。站台中央岛宽15米，两月台轨道中线间距17.9米；站台纵向分布2排各23根立柱，立柱间距7米；站台总高6米。该站在4米高度处还建有上层的人行侧台通道，乘客可以在上下两层通行。如此设计，极具创造性与前瞻性。1941年3月15日，该站荣获斯大林奖。

© 月台候车厅部分

M 1号线 列宁图书馆站
Библиотека им. Ленина

开通时间：1935年5月15日

建筑师：阿·冈茨科维奇，谢·苏里

结构工程师：尼·科马洛夫

建筑类型：单拱浅埋式车站

Дата открытия: 15 мая 1935

Архитекторы станции: А. Гонцкевич,С. Сулин

Инженеры-конструкторы: Н. Комаров

Конструкция: Односводчатая мелкого заложения.

◎ 站台北端过厅

　　列宁图书馆站以同名的国家图书馆命名。该站是莫斯科地铁中最繁忙的换乘车站之一，它通过换乘通道与阿尔巴特站、亚历山大花园站和博罗维茨站相连，并与其形成了莫斯科地铁中最重要、最复杂的交通枢纽。

　　该站台北端设有一宽敞的过厅，墙壁上装饰着由雕塑家奥普雷申科创作的马赛克列宁头像。如今，这里是莫斯科人碰头约会的绝佳地点，如果莫斯科人说在地铁的"石雕瓦洛佳"处碰头，就是指在这里见面，瓦洛佳是弗拉基米尔·伊里奇·列宁的爱称和小名。

◎ 过厅端墙上的列宁头像

M 1号线 克鲁鲍特金站
Кропоткинская

开通时间：1935年5月15日

建筑师：阿·杜什金、雅·利诃杰贝格

地面站厅设计师：斯·克拉维茨、阿·雷日科夫

结构工程师：尼·卡巴诺夫

建筑类型：三跨立柱浅埋式车站

Дата открытия: 15 мая 1935

Архитекторы станции: А. Душкин, Я. Лихтенберг

Архитекторы вестибюлей: С. Кравец, А. Рыжков

Инженеры-конструкторы: Н. Кабанов

Конструкция: Колонная трёхпролётная мелкого заложения.

◎ 站台大厅

该站以俄国著名思想家和革命家克鲁鲍特金的姓氏命名，我国著名作家"巴金"笔名中的"金"就缘自"克鲁鲍特金"。该站自建成起至1957年，曾使用苏维埃宫站名，苏维埃宫是斯大林时代设计的最为恢宏壮丽的摩天大厦，因地质条件不佳等原因而未能建成。

克鲁鲍特金站地面站厅位于果戈理林荫道上，两组不大的建筑经藻井式拱门连接而成为一体。整个建筑轻巧灵动，成为早期地铁建筑中的精品佳作。此外，地面站厅不远处的"奥斯坦仁卡街"，在1935－1986年间，为纪念地铁建设的辉煌成就曾被命名为"地铁建设者大街"。

МЕТРОПОЛИТЕН имени В И ЛЕНИНА

© 地面站厅建筑

◎ 站台大厅设计图

克鲁鲍特金站的设计灵感源自古埃及法老时代的建筑,站台墙面镶贴白色和浅黄色大理石,中厅立柱断面呈八边形,柱体贴云白色大理石饰面,柱头内暗藏灯具,并由此放射出均匀、柔和的冷色光线,为大厅营造出一种神秘的漂浮感与空灵感。站台上,古朴的立柱、漫射的光线、通透的空间和运动的列车共同构成一幅古老与崭新、历史与现代交相呼应的动感画卷。

该站是建筑大师阿·杜什金的杰作,也是莫斯科地铁最精美的建筑经典之一,曾荣获苏联和世界建筑大奖:1937年巴黎世博会建筑大奖,1941年苏联斯大林奖和1958年布鲁塞尔世博会建筑大奖。

© 站台大厅立柱

开通时间：1938年9月11日	Дата открытия: 11 сентября 1938 года
建筑师：雅·利诃杰贝格、尤·列弗科夫斯基	Архитекторы станции: Я. Лихтенберг, Ю. Ревковский
地面站厅设计师：德·切丘林	Архитекторы вестибюлей: Д. Чечулин
画家、雕塑家：叶·扬松、马·马尼泽尔	Художники, скульпторы: Е. Янсон,М. Манизер
结构工程师：阿·捷尼岑科	Инженеры-конструкторы: А. Денищенко
建筑类型：三拱塔柱深埋式车站	Конструкция: Пилонная трёхсводчатая глубокого заложения.

◎ 地面站厅设计图

　　迪纳摩是苏联和俄罗斯的著名体育俱乐部，该站以它命名。车站近旁建有迪纳摩俱乐部的主体育场，每逢重要赛事，球迷和发烧友必经此地。步入站台，好似来到宽敞明亮的运动大厅，站厅塔柱上镶嵌着一枚枚运动造型的徽形塑像，仿佛向乘客诉说迪纳摩俱乐部荣耀的历史！

◎ 站台大厅圆形装饰浮雕

开通时间：1938年9月11日

建筑师：阿·杜什金

画家、雕塑家：阿·杰伊涅卡、
　　　　　　　叶·基巴里尼科夫

结构工程师：罗·舍因法伊

建筑类型：三拱立柱深埋式车站

Дата открытия: 11 сентября 1938 года

Архитекторы станции: А. Душкин

Художники, скульпторы: А. Дейнека,Е. Кибальников

Инженеры-конструкторы: Р. Шейнфайн

Конструкция: Колонная трёхсводчатая глубокого заложения.

◎ 站台大厅穹顶灯池及天顶画

　　马雅可夫斯基站以原同名广场命名，虽然广场早已更名为凯旋广场，但在莫斯科人心中这里依旧是这位伟大诗人的广场。广场上的诗人铜像与这座漂亮的地铁站一起构成对马雅可夫斯基永恒的纪念。

　　该站天顶画以人物、静物和花卉为题材，主题为《苏联的一天一夜》，由架上画派大师阿·杰伊涅卡创作，共计34幅。画作名为"蓝天上的空降兵"、"驾驶康拜因喜获丰收的女社员"、"蓝天白云映衬下的撑杆运动员"、"军舰上挥舞信号旗的水兵"、"直插云霄的克里姆林宫大钟楼"、"手握木桨的姑娘"、"霞光中的飞机"、"飞翔的航模"等。

© 站台大厅

◎ 站台大厅马赛克天顶画1

　　马雅可夫斯基站是莫斯科地铁中最漂亮、最具美学价值与历史意义的一个车站，也是世界地铁史上第一座采用深埋法施工的三拱立柱结构的地铁车站。它是建筑大师阿·杜什金的杰作。据他妻子回忆，在该车站设计期间，杜什金常常请求身为音乐家的妻子演奏巴赫和普罗科菲耶夫的乐曲，他在巴赫音乐的神圣与缜密以及普罗科菲耶夫的青春和热情中寻找灵感。

　　该车站以卓尔不群的前卫设计与精美绝伦的装饰艺术而荣获1939年纽约国际博览会大奖；2001年，该站被列入俄罗斯"历史与文化纪念碑"名录。

◎ 站台大厅马赛克天顶画2

M 2号线 剧院站
Театральная

开通时间：1938年9月11日	Дата открытия: 11 сентября 1938 года
建筑师：伊·福明、列·波利亚科夫	Архитекторы станции: И. Фомин, Л. Поляков
画家、雕塑家：尼·丹尼柯	Художники, скульпторы: Н. Данько
结构工程师：尼·科马罗夫	Инженеры-конструкторы: Н. Комаров
建筑类型：三拱塔柱深埋式车站	Конструкция: Пилонная трёхсводчатая глубокого заложения.

◎ 车站月台候车厅

　　剧院站因地处同名广场而得名，该广场汇聚莫斯科三家著名剧院：莫斯科大剧院、小剧院和儿童剧院。苏联时期，剧院广场名为斯维尔德洛夫广场，故该站也曾叫过斯维尔德洛夫站。

　　剧院站的主建筑师是赫赫有名的建筑大师伊·福明，他为莫斯科地铁共设计了两座地铁站：剧院站和红门站。这两座车站均以古典的造型和完美的设计而被列入俄罗斯"历史与文化纪念碑"名录。

换乘站站间通道

◎ 站台大厅陶瓷浮雕1

© 站台大厅陶瓷浮雕2

开通时间：1943年11月20日

建筑师：尼·贝科娃、伊·塔拉诺夫

地面站厅设计师：弗·格里甫列伊赫、伊·罗日

画家、雕塑家：阿·杰伊涅卡、尼·托姆斯基、
　　　　　　　阿·捷廖斯基、斯·拉宾诺维奇等

结构工程师：米·谢米兹

建筑类型：三拱塔柱深埋式车站

Дата открытия: 20 ноября 1943 года

Архитекторы станции: Н. Быкова, И. Таранов

Архитекторы вестибюлей: В. Гельфрейх, И. Рожин

Художники, скульпторы: А. Дейнека, Н. Томский, А. Зеленский,
　　　　　　　　　　　　С. Рабинович, Н. Штамм

Инженеры-конструкторы: М. Семиз

Конструкция: Пилонная трёхсводчатая глубокого заложения.

◎ 站台大厅铜制浮雕

　　新铁匠站以同名大街命名，该站建设于最艰难的卫国战争年代，在斯大林格勒保卫战大捷时落成。

　　该站装修围绕"建设"与"英雄"两个并行的主题展开。"建设"属战前的原设计，其作品装饰在中央大厅的拱顶，画家通过6幅马赛克天顶画描绘了苏联人民用勤劳的双手建设和平而美丽的社会主义国家；"英雄"是以俄罗斯历史上的民族英雄和卫国战争中英雄的红军战士为题材创作的一组青铜徽像与浮雕作品。

◎ 站台大厅的人物雕像

◎ 站台大厅

该站的6幅天顶画以"钢铁冶炼、水果采摘、机械工程师、建设者、飞行员和滑雪运动员"为创作题材，这些精美的画作把人们带到那个马达轰鸣、红旗飘舞的社会主义建设的火红年代。

"维·符拉洛夫"，该站的壁画制作者，列宁格勒天才而英雄的艺术家，一个令后世永远铭记和缅怀的名字。卫国战争时期，在列宁格勒被围困的日子里，维·符拉洛夫根据阿·杰伊涅卡的画作制作了该站的6幅马赛克天顶画，完成后，他亲手将作品装上卡车并护送通过敌人的封锁线。令人无比痛惜的是，其后的第三天，符拉洛夫就在列宁格勒保卫战中英勇牺牲，这些作品便成为这位英雄艺术家永恒的绝唱！

© 站台大厅马赛克天顶画

M 3号线 革命广场站
Площадь Революции

开通时间：1938年3月13日

建筑师：阿·杜什金

地面站厅设计师：弗·泽尼克维奇

画家、雕塑家：马·马尼泽尔

结构工程师：尼·科马罗夫、阿·彼罗什科娃、
　　　　　　马·戈洛薇诺娃

建筑类型：三拱塔柱深埋式车站

Дата открытия: 13 марта 1938

Архитекторы станции: А. Душкин

Архитекторы вестибюлей: Ф. Зенкевич

Художники, скульпторы: М. Манизер

Инженеры-конструкторы: Н. Комаров, А. Пирожкова,
　　　　　　　　　　　　М. Головинова

Конструкция: Пилонная трёхсводчатая глубокого заложения.

◎ 地面站厅建筑

　　革命广场站由两位艺术大师：莫斯科地铁最杰出的建筑师阿·杜什金和最著名的雕塑家马·马尼泽尔共同完成。他们以"苏维埃社会主义革命与建设"为主题建造和装饰了这座精美绝伦的地铁站，同时也创造了一座栩栩如生的地下雕塑艺术馆。

　　该站属斯大林时期的三拱塔柱式标准样板设计，站台中厅圆拱直径9.5米，设2列，每列8塔柱和9柱间通道。柱间呈半圆形，每一通道装饰四座青铜人物塑像。车站中厅拱顶为白色，上面悬挂两排半球形吊灯，顶棚上凸塑十字交叉线，空间造型因此显得轻快而又活泼；塔柱底座用黑色大理石装饰，由红色大理石镶边，既起到装饰作用又形成塑像边框；中厅与月台间的通道为拱形，地面铺设灰黑两色大理石并拼成棋盘格形图案。

© 站台大厅的人物雕像

◎ 月台候车厅

　　雕塑家马·马尼泽尔按苏联编年史的顺序，时间跨度从1917-1937年共20年，创作80个神态各异的青铜人物雕塑。至今保存完好的只有其中的76个。他们或是叱咤风云的时代英雄，或是普普通通的人民大众。其中有紧握长枪的赤卫队员、手持风镐的采煤工人、蓄养家禽的村姑农妇、专心致志读书的学生、怀抱婴儿的母亲、手牵猎犬的战士等。由于艺术家精湛的雕塑技巧和卓越的艺术表现，革命广场站又赢得"马尼泽尔的地下雕塑艺术馆"的美誉！

© 站台大厅及月台候车厅的人物雕像

开通时间：1944年5月15日

建筑师：弗·格里甫列伊赫、伊·罗日

画家、雕塑家：格·莫托维洛夫

结构工程师：鲍·乌曼斯基

建筑类型：三拱塔柱深埋式车站

Дата открытия: 15 мая 1944

Архитекторы станции: В. Гельфрейх, И. Рожин

Художники, скульпторы: Г. Мотовилов

Инженеры-конструкторы: Б. Уманский

Конструкция: Пилонная трёхсводчатая глубокого заложения.

◎ 车站地下过厅设计图

电子工厂站以附近的古比雪夫电子工厂命名。该站属莫斯科地铁三期工程，它始建于1938年，前期设计由建筑大师舒科承担；1939年，建筑师舒科逝世后，其后的工作便由他的弟子格里甫列伊赫承担并完成。格氏也是一位著名的建筑师，"莫斯科七姐妹"中的外交部大厦就是他的杰作。

电子工厂站的艺术创作主题是"伟大卫国战争的前线与后方"。在站台中厅的拱顶上，镶嵌了6排318个光亮耀眼的人工小太阳，它们把整个大厅映照得灯火通明、流光溢彩，这些人工小太阳就是由古比雪夫电子工厂生产的。

© 站台大厅

　　该站站台大厅塔柱上檐装饰有12幅精美的高浮雕作品，它们均出自于雕塑家格·莫托维洛夫之手。作品生动地描绘了卫国战争期间苏联工业、农业、交通等各条战线上劳作的人们，他们以无限的忠诚和忘我的劳动战斗在自己的工作岗位上，支援前线，保家卫国；大厅地面铺砌棋盘格形、灰色和黑色的花岗石，临近塔柱两侧的地板还砌有漂亮的植物枝叶图案和粉黄色大理石边框。

◎ 站台大厅塔柱上的浮雕作品2

开通时间：1944年1月18日

建筑师：鲍·维列斯基

雕塑家：马·马尼泽尔、阿·贡恰洛夫

结构工程师：尼·卡巴诺夫

建筑类型：三跨立柱双岛深埋式车站

Дата открытия: 18 января 1944

Архитекторы станции: Б. Виленский

Художники, скульпторы: М. Манизер, А. Гончаров

Инженеры-конструкторы: Н. Кабанов

Конструкция: Колонная трёхпролётная мелкого заложения.

◎ 站台大厅

　　游击队站曾用名伊兹马依洛沃站和伊兹马依洛沃公园站，堪称世界地铁中最大的车站。建成如此规模的地铁站，既有政治的需要，要充分体现苏维埃时代的伟大、人民的胜利与领袖的正确光荣；也有客观实际的需求。卫国战争前，这里曾设想建设一座超大型的体育场，为防止客流过度拥挤，便采用两岛三线的大跨度结构。后来，因为体育场建设未果，该站便只使用外侧的两条轨道。

ГЕРОЙ СОВЕТСКОГО СОЮЗА

МАТВЕЙ КУЗЬМИЧ

КУЗЬМИН

В БИТВЕ ЗА МОСКВУ 14 ФЕВРАЛЯ 1942 ГОДА
ПОВТОРИЛ ГЕРОИЧЕСКИЙ
ПОДВИГ ИВАНА СУСАНИНА

○ 站台大厅及人物雕像

◎ 车站设计图

当乘客步入车站的时候，首先映入眼帘的是气势恢宏的凯旋门，门楣上天使们高奏凯歌，背后矗立着高大雄伟的英雄塑像"人民复仇者三勇士"。在站台大厅，两尊游击队员的雕像分列左右，左侧站立着肩扛步枪、亭亭玉立的女游击队员，她就是我们熟知的女英雄卓雅，在这里，她那美丽的生命永远定格在年轻的十八岁；右侧站立的是身穿皮袄、满脸胡须的八十岁农民老汉马特维依·库兹明，他和格林卡歌剧中的主人公伊万·苏萨宁一样，当敌寇入侵时，挺身而出，为祖国和人民不惜牺牲自己的生命。

天使般的卓雅永远年轻美丽，老爷爷库兹明也依旧精神矍铄。英雄不朽，祖国万岁。身在此站，卓雅的话语"人民高于一切，祖国高于一切！"仿佛依旧响彻耳边！游击队站以不同凡响的艺术创作被列入俄罗斯"历史与文化纪念碑"名录。

© 站台大厅人物雕像

开通时间：1935年5月15日	Дата открытия: 15 мая 1935
建筑师：列·捷普里茨基	Архитекторы станции: А. Теплицкий
结构工程师：格·吉巴尔基	Инженеры-конструкторы: Г. Кибардин
建筑类型：柱式三跨浅埋式车站	Конструкция: Колонная трёхпролётная мелкого заложения.

◎ 地面站厅建筑局部

　　阿尔巴特站以莫斯科的著名老街冠名，它建成于20世纪30年代，属早期的浅埋式地铁站。

　　阿尔巴特站小巧庄重、朴实无华，随着时间的流逝，它似乎已经淡出人们的视野。然而，事实上，它的地面站厅绝对可以称得上经典中的经典。该建筑呈深红色，平面为五角形。从空中俯瞰，仿佛镶嵌在大地上的一颗五角红星。虽说它体量不大，但却是苏联建筑的经典样板，并对后世产生了深远影响。拥有巨大体量的凯旋与纪念式建筑——莫斯科苏联红军剧院就是它的一个巨无霸版。

© 地面站厅建筑

M 4号线 **斯摩棱斯克地铁大桥**
Смоленский метромост

开通日期：1937年3月20日

结构：钢制拱桥

长：228米

宽：9.5米

Дата открытия: 20 марта 1937 года

Конструкция: стальной арочный

Длина: 228 м

Ширина: 9,5 м

◎ 斯摩棱斯克地铁大桥1

　　斯摩棱斯克地铁大桥是莫斯科地铁4号菲里线上跨越莫斯科河、连接斯摩棱斯克站和基辅站的双线地铁专用桥。它是苏联历史上第一座地铁桥梁，也是莫斯科地铁的首个地上路段。

　　卫国战争前，莫斯科河上新建了9座桥梁，其中不乏极具艺术价值的桥梁。许多著名的苏联建筑师，诸如休舍夫、舒科等大师级人物都参与过桥梁的设计与建设工作。

◎ 斯摩棱斯克地铁大桥2

第二部分　盛世华章：20世纪40年代中–50年代中

1945–1955年，莫斯科地铁迎来自己繁荣发展的十年。5号线（环线）就是这一时期的代表作，它的建设大致分为三个阶段。1950年文化公园站至库尔斯克站段建成，1952年库尔斯克站至白俄罗斯站段通车，1954年白俄罗斯站至文化公园站联通，自此，环线全线贯通。从交通作用上讲，环线将莫斯科的七个火车站及其广场与公园等重要公共场所连接起来；从建筑的社会意义上讲，它以宏伟壮丽、宫殿般的气势向全世界宣告苏维埃国家的无比强大和苏联人民的英勇不屈，以及苏联在反法西斯战争中的不朽功勋！

◎ 杜勃雷宁站大厅及端墙壁画

开通时间：1950年1月1日

建筑师：伊·罗日、叶·马尔科娃

画家、雕塑家：斯·拉宾诺维奇

结构工程师：格·吉巴尔基

建筑类型：三拱塔柱深埋式车站

Дата открытия: 01 января 1950

Архитекторы станции: И. Рожин, Е. Маркова

Художники, скульпторы: И. Рабинович

Инженеры-конструкторы: Г. Кибардин

Конструкция: Пилонная трёхсводчатая глубокого заложения.

◎ 站台大厅局部

文化公园站以近旁的高尔基文化、休闲与娱乐公园相命名，该公园是莫斯科最著名的文化公园。

该站属典型的三拱塔柱式结构的"斯大林风格"车站，隧道直径9.5米，中央大厅与两侧月台间设8对塔柱、9组通道。

地面站厅建筑局部

M 5号线 十月站
Октябрьская

开通时间：1950年1月1日	Дата открытия: 01 января 1950
建筑师：列·巴里扬科夫	Архитекторы станции: Л. Поляков
画家、雕塑家：格·莫托维洛夫	Художники, скульпторы: Г. Мотовилов
结构工程师：鲍·普里科特、弗·德米特里耶夫	Инженеры-конструкторы: Б. Прикот,В. Дмитриев
建筑类型：三拱塔柱深埋式车站	Конструкция: Пилонная трёхсводчатая глубокого заложения.

◎ 站台大厅端墙及艺术装饰

十月站原名为卡卢加站，1961年后改为现名。

十月站是莫斯科地铁中最具魅力的车站之一,它的迷人之处在于站台中厅端墙处那片色彩神秘的蓝，莫斯科人称之为"蓝色的星火"和"蓝色的墙"。久而久之，这里就成为地铁里绝佳的约会地点。从大厅一端望去，天顶的白、地面的红与端墙的蓝交织在一起，很有种天空与落霞映照的视觉感受！

© 月台侧墙装饰

开通时间：1950年1月1日

建筑师：马·捷烈宁、阿·巴甫洛夫、尼·伊里因

画家、雕塑家：尼·杨森-马尼泽尔、
格·鲁勃廖夫、伊·尤尔丹斯基

结构工程师：阿·谢苗诺夫、列·格列里克、
阿·彼罗什科娃

建筑类型：三拱塔柱深埋式车站

Дата открытия: 01 января 1950

Архитекторы станции: М. Зеленин, А. Павлов, Н. Ильин

Художники, скульпторы: Н. Янсон-Манизер,Г. Рублев,
И. Иорданский

Инженеры-конструкторы: А. Семенов,
Л. Горелик, А. Пирожкова

Конструкция: Пилонная трёхсводчатая глубокого заложения.

◎ 站台大厅塔柱及柱间通道

　　杜勃雷宁是1917年十月革命时期工人先锋队中年轻的布尔什维克战士，1961年，为纪念十月革命，该站便以他的名字命名。

　　该站的创造灵感来自于古罗斯宗教建筑，作者借鉴苏兹达里涅利河畔著名的波克罗夫大教堂的艺术风格，创造了这座充满神秘感的地下宫殿。

　　在每个塔柱的中龛部分，雕塑家都用浅浮雕装饰，作品中有拉网的渔夫、牵着猎犬的边防军人、喂鸡的农妇、摘葡萄的姑娘、驯鹰的吉尔吉斯猎人、挤奶女工、采棉花的姑娘、戴草帽的青年、玉米堆旁的乌克兰农夫、乌兹别克鼓手、牧羊人等，站厅端墙上镶贴着大型马赛克壁画《宇宙纪元之晨》。

◎ 站台大厅及出入口通道

开通时间：1950年1月1日

建筑师：尼·科林、伊·卡斯捷里

画家、雕塑家：尼·拉宾诺维奇

结构工程师：阿·彼罗什科娃

建筑类型：三拱塔柱深埋式车站

Дата открытия: 01 января 1950

Архитекторы станции: Н. Колли, И. Кастель

Художники, скульпторы: Н. Рабинович

Инженеры-конструкторы: А. Пирожкова

Конструкция: Пилонная трёхсводчатая глубокого заложения.

◎ 站台大厅塔柱局部

　　巴维列茨克站以同名火车站命名，该火车站是莫斯科通往伏尔加河下游方向及沿岸地区铁路的始发站。

　　车站大厅的塔柱用古希腊风格的柱子和图案简洁美观的棕色条格装饰，墙面饰以浅黄色调大理石，大厅端墙处镶贴着内容为工人和集体农庄女社员手托苏联国徽的大型马赛克壁画。

◎ 站台大厅设计图

　　巴维列茨克站在同时期高大上风格的地铁中可谓独树一帜，它虽然看似简单，但却在平淡之中显现大气与不凡。无论是整体设计，还是色彩运用，乃至于细部装饰，设计师都是精工细作、匠心独运。仅从塔柱上具有鲜明穆斯林风格的八角形图案以及精湛的镂雕陶艺，便可窥见一斑。

◎ 月台候车厅

M 5号线 塔甘卡站
Таганская

开通时间：1950年1月1日

建筑师：康·雷日科夫、阿·梅德韦杰夫

结构工程师：德·德米特里耶夫、鲍·普里科特

建筑类型：三拱塔柱深埋式车站

Дата открытия: 01 января 1950

Архитекторы станции: К. Рыжков, А. Медведе

Инженеры-конструкторы: Д. Дмитриев, Б. Прикот

Конструкция: Пилонная трёхсводчатая глубокого заложения.

◎ 站台大厅塔柱及柱间通道

　　塔甘卡站以同名广场和街道命名。该站给人最深刻的印象是，它的塔柱和柱间通道等到处都装饰着动感强烈、凹凸有致的尖拱形线条。

　　车站过厅的穹顶上绘有《胜利的礼花》大型天顶画，画中描绘了深蓝色的夜空中，五彩的礼花绚烂竞放，胜利的旗帜高高飘扬。

© 车站过厅天顶画

M 5号线 库尔斯克站
Курская

开通时间：1950年1月1日

建筑师：格·扎哈罗夫、卓·车尔尼雪娃

结构工程师：列·格列里克

建筑类型：三拱塔柱深埋式车站

Дата открытия: 01 января 1950

Архитекторы станции: Г. Захаров, З. Чернышева

Инженеры-конструкторы: Л. Горелик

Конструкция: Колонная трёхсводчатая глубокого заложения.

◎ 站台大厅

　　库尔斯克站以莫斯科的同名火车站命名，它的地面站厅位于库尔斯克火车站内。

　　该站设计采用标准化结构、个性化设计，以彰显古典庄重的风格。站厅中厅拱形直径为11.5米，两侧月台直径为8.8米；中厅柱式使用古典庄重的半圆形立柱，立柱上方的门楣脚线纵贯整个大厅，柱子和墙面贴浅灰色大理石面，地面铺设深红色花岗石。

○ 站台大厅立柱上的装饰脚线

M 5号线 共青团站
Комсомольская

开通时间： 1952年1月30日	Дата открытия: 30 января 1952
建筑师： 阿·休谢夫	Архитекторы станции: А. Щусев
画家、雕塑家： 巴·科林	Художники, скульпторы: П. Корин
结构工程师： 阿·谢苗诺夫	Инженеры-конструкторы: А. Семенов
建筑类型： 三拱立柱深埋式车站	Конструкция: Колонная трёхсводчатая глубокого заложения.

◎ 站台大厅设计图

　　共青团站地处莫斯科3个重要火车站：列宁格勒火车站、雅罗斯拉夫火车站和喀山火车站的交汇处，堪称"首都的客厅"。每一位乘坐火车到来的客人，通常都会经过这里并亲身体验它的壮丽和辉煌。

　　环线上的共青团站是苏联时期空前绝后的地铁站。它宫殿般的候车大厅、豪华的创作团队、精湛的艺术创作、巨大的资金投入、宏大的建筑体量等都是苏维埃艺术史上的创举！

◎ 车站过厅吊灯

共青团站的设计师阿·休谢夫是苏联最杰出的建筑师、20世纪30年代莫斯科城市设计和规划的总设计师、列宁墓的设计者、马涅什广场旁莫斯科饭店的主建筑师，同时也是莫斯科地铁设计总顾问。

休谢夫把该站设计成一座人民的宫殿，甚至超过了冬宫和克里姆林宫的殿堂；他把该站变成一座地下的凯旋门，成为苏联卫国战争伟大胜利的记功碑；他还为地铁车站创造了一种风格，史称"莫斯科的巴洛克"。

◎ 站台大厅

◎ 站台大厅立柱及月台侧墙装饰

共青团站的创作主题是"英雄"和"凯旋"。

站台大厅穹顶上，镶贴着8组巨型马赛克壁画，画作描绘了为俄罗斯国家独立与民族解放而名垂青史的英雄与人民，作品由苏联著名画家巴·科林创作完成。画作的主角人物分别是战胜瑞典军队取得"冰河大捷"的亚历山大·涅夫斯基、打败蒙古鞑靼汗国的德米特里·顿斯科伊、南征北战完成远征功业的苏沃洛夫、战胜拿破仑取得1812年卫国战争胜利的库图佐夫元帅、领导无产阶级革命创造人类历史新纪元的弗拉基米尔·伊里奇·列宁、高举镰刀斧头旗帜保卫苏维埃政权的红军战士、战胜德国法西斯捍卫世界和平的苏联人民。

该站每幅天顶画都由3万多块马赛克拼成，重3吨有余，面积达30多平方米。

◎ 站台大厅马赛克天顶画

开通时间：1952年1月30日	Дата открытия: 30 января 1952
建筑师：弗·格里甫列伊赫、马·米尼库斯	Архитекторы станции: В. Гельфрейх, М. Минкус
地面站厅设计师：叶·阿尔金	Архитекторы вестибюлей: Е. Аркин
画家、雕塑家：格·莫托维洛夫	Художники, скульпторы: Г. Мотовилов
结构工程师：鲍·普里科特	Инженеры-конструкторы: Б. Прикот
建筑类型：三拱塔柱式深埋车站	Конструкция: Пилонная трёхсводчатая глубокого заложения.

◎ 站台大厅塔柱上的陶瓷浮雕

　　和平大街站建成初期，名为植物园站，后因苏联科学院植物园外迁，而变更为现名。该站属于典型的三拱塔柱式设计，地下站厅采用8对塔柱、9组通道的标准结构。

　　设计之初，该站的创作主题便紧扣"农业"，站台大厅的8组方形塔柱分别镶贴与农业相关的16幅陶瓷浮雕作品。

© 站台大厅柱间通道及吊灯

M 5号线 新地站
Новослободская

开通时间：1952年1月30日

建筑师：阿·杜什金、阿·斯特列尔科夫

画家、雕塑家：巴·科林

结构工程师：鲍·普里科特、阿·谢苗诺夫

建筑类型：三拱塔式深埋式车站

Дата открытия: 30 января 1952

Архитекторы станции: А. Душкин,А. Стрелков

Художники, скульпторы: П. Корин

Инженеры-конструкторы: Б. Прикот, А. Семенов

Конструкция: Пилонная трёхсводчатая глубокого заложения.

◎ 站台大厅彩色玻璃画局部

　　新地站以同名街道命名，该站设计出自最著名的莫斯科地铁建筑师阿·杜什金之手。

　　该站的绝妙之处是，建筑师和艺术家在受限的地下空间内运用哥特教堂的艺术形式为车站创造一个色彩斑斓的梦幻世界。

© 月台候车厅

◎ 站台大厅彩色玻璃画局部1

　　新地站玻璃彩画由著名画家巴·科林主持创作。画家根据俄罗斯民间工艺美术风格，绘制出一束束艳丽的花朵，鲜花上部装饰着科学家、建筑师、画家、钢琴师和农民的人物造型以及五角星等艺术图案。当年，这些美轮美奂的玻璃彩画制作于千里之遥的拉脱维亚共和国首府里加。

　　站厅端墙上镶贴着年轻母亲怀抱孩子、心向未来的马赛克壁画，画作名称"为了世界和平"。

◎ 站台大厅彩色玻璃画局部2

开通时间：1952年1月30日	Дата открытия: 30 января 1952
建筑师：伊·塔拉诺夫、尼·贝科娃	Архитекторы станции: И. Таранов,Н. Быкова
画家、雕塑家：斯·拉宾诺维奇、斯·奥尔洛夫、 　　　伊·斯洛尼姆、格·奥普雷什科、 　　　格·莫拉伊什	Художники, скульпторы: С. Рабинович, С. Орлов, И. Слоним, 　　　Г. Опрышко, Г. Мораиш
结构工程师：鲍·普里科特、阿·谢苗诺夫、 　　　康·萨普涅克	Инженеры-конструкторы: Б. Прикот, А. Семенов, К. Сапуненко
建筑类型：三拱塔柱深埋式车站	Конструкция: Пилонная трёхсводчатая глубокого заложения.

◎ 换乘站站间通道及楼梯

白俄罗斯站以同名火车站命名。

　　白俄罗斯有崇尚白色的民族传统，因此车站装饰强调"纯净与圣洁的白"。墙面是白色的，穹顶是白色的，天顶画的底衬是白色的，大理石雕花壁灯及灯座也都是白色的。

○ 月台候车厅

◎ 站台大厅天顶画1

该站的装饰主题是"白俄罗斯经济与文化的繁荣"。站台大厅拱顶上装贴有12幅八角形马赛克作品，内容描绘白俄罗斯人民幸福美好的生活。

◎ 站台大厅天顶画2

M 5号线 红普列斯尼亚站
Краснопресненская

开通时间：1954年3月14日

建筑师：弗·叶戈廖夫、弗·诺维科夫、
　　　　马·康斯坦金诺夫、伊·波科洛夫斯基

地面站厅设计师：康·阿拉比扬、塔·伊里依娜、

画家、雕塑家：马·谢尔巴科夫、尤·巴梅尔、
　　　　　　　尤·乌沙科夫

结构工程师：鲍·普里科特

建筑类型：三拱塔柱深埋式车站

Дата открытия: 14 марта 1954 года

Архитекторы станции: В. Егерев, Ф. Новиков,
　　　　　　　М. Константинов,И. Покровский

Архитекторы вестибюлей: К. Алабян, Т. Ильина

Художники, скульпторы: Н. Щербаков, Ю. Поммер, Ю. Ушаков,
　　　　　　　В. Федоров, Г. Колесников

Инженеры-конструкторы: Б. Прикот

Конструкция: Пилонная трёхсводчатая глубокого заложения.

◎ 站台大厅

　　红普列斯尼亚站以同名街道命名。普列斯尼亚是莫斯科河上游的一条小河，莫斯科的母亲河。苏联时期，普列斯尼亚冠以"红色"并命名近旁的街道。

　　该站装饰以20世纪初的俄国革命运动为主题。画家以此为题创作14幅浮雕作品，并装饰在塔柱上方，其中8幅反映了1905年俄国资产阶级民主革命，6幅描绘了1917年十月社会主义革命。

© 站台大厅塔柱及装饰浮雕

开通时间：1954年3月14日

建筑师：叶·卡托宁、弗·斯库戈廖夫、
　　　　格·戈鲁别夫

画家、雕塑家：阿·梅金

结构工程师：马·戈洛温诺娃、阿·彼罗什科娃

建筑类型：三拱塔柱深埋式车站

Дата открытия: 14 марта 1954

Архитекторы станции: Е. Катонин, В. Скугарев, Г. Голубев

Художники, скульпторы: А. Мызин

Инженеры-конструкторы: М. Головинова, А. Пирожкова,

Конструкция: Пилонная трёхсводчатая глубокого заложения.

◎ 站台大厅装饰壁画

　　基辅站以同名火车站命名。1954年，该站落成通车时，正值乌克兰第二次回归俄罗斯300周年之际。故此，车站便以"牢不可破的联盟"为装饰主题，讲述历史长河中，俄乌兄弟民族的骨肉情谊与团结友爱。

　　该站设计由来自基辅的建筑师创作完成，建筑师把基辅站装饰成一座金色的宫殿和画廊，金色的吊灯、金色的塔柱镶边、金色的画框、金色的大厅，整个车站金碧辉煌、流光溢彩。

© 站台大厅局部

开通时间：1953年4月5日

建筑师：列·利里耶、弗·里特维诺夫、
　　　　马·马尔科夫斯基、弗·杜勃拉科夫斯基

画家、雕塑家：弗·科诺瓦洛夫、弗·阿拉克洛夫、
　　　　　　　巴·米哈伊洛夫、列·卡尔纳乌霍夫、
　　　　　　　阿·希莉亚耶娃

结构工程师：阿·彼罗什科娃

建筑类型：三跨塔柱深埋式车站

Дата открытия: 05 апреля 1953

Архитекторы станции: Л. Лилье, В. Литвинов,
　　　　　　　　　М. Марковский, В. Добраковский

Художники, скульпторы: В. Коновалов, В. Аракелов,
　　　　　　　　　П.Михайлов, Л. Карнаухов,
　　　　　　　　　А. Ширяева и другие

Инженеры-конструкторы: А. Пирожкова

Конструкция: Пилонная трёхсводчатая глубокого заложения.

◎ 车站过厅及端墙

该基辅站位于阿尔巴特–波克罗夫3号线上，同样以莫斯科的基辅火车站命名。与同一线路近邻的、风格肃穆庄重的斯摩棱斯克站相比，该站显得喜庆艳丽、欢快活泼。

过厅处的大型壁画"基辅民众的游艺联欢"更是把大厅装扮得光彩照人、蓬荜生辉！画中，乌克兰人民穿着节日的盛装欢聚一堂、载歌载舞，背景是代表古老基辅和现代城市的建筑物与纪念碑。此时，基辅的天并非蓝色而是金黄般地耀眼夺目与金光灿灿，原来这是画家借用俄罗斯古代圣像画的描绘手法。

过厅端墙装饰壁画

◎ 站台大厅塔柱上方的马赛克壁画1

◎ 站台大厅塔柱上方的马赛克壁画2

开通时间：1953年4月5日

建筑师：伊·罗日、格·雅科夫列夫

地面站厅设计师：阿·斯特里可夫、
　　　　　　　　奥·维里柯列茨基

画家、雕塑家：巴·科林

结构工程师：鲍·普里科特

建筑类型：三拱塔柱深埋式车站

Дата открытия: 05 апреля 1953

Архитекторы станции: И. Рожин, Г. Яковлев

Архитекторы вестибюлей: А. Стрелков, О. Великорецкий

Художники, скульпторы: П. Корин

Инженеры-конструкторы: Б. Прикот

Конструкция: Пилонная трёхсводчатая глубокого заложения.

◎ 地面站厅装饰浮雕

　　斯摩棱斯克站以俄罗斯同名的英雄城市命名，该站又因地处老阿尔巴特街和外交部大厦近旁，它的地面站厅便因此而设计得气势不凡。

　　该站地面站厅墙柱上装饰的4枚俄罗斯古代勇士和卫国战士的浅浮雕徽像尤为引人注目。

ВХОД   ВХОД

© 地面站厅窗饰及浮雕

M 3号线 阿尔巴特站
Арбатская

开通时间：1953年4月5日

建筑师：列·巴里扬科夫、尤·泽尼科维奇、
　　　　弗·别列温

地面站厅设计师：尤·泽尼科维奇、
　　　　　　　　弗·波莉卡尔波娃、
　　　　　　　　列·巴里扬科夫

结构工程师：阿·谢苗诺夫、阿·巴申

建筑类型：三跨塔柱式深埋车站

Дата открытия: 05 апреля 1953

Архитекторы станции: Л. Поляков, Ю. Зенкевич, В. Пелевин

Архитекторы вестибюлей: Ю. Зенкевич,
　　　　　　　　　　　　　　В. Поликарпова, Л. Поляков

Инженеры-конструкторы: А. Семенов, А. Пашин

Конструкция: Пилонная трёхсводчатая глубокого заложения.

◎ 站台大厅休息座椅

阿尔巴特站以莫斯科著名的同名街道冠名。该站还是莫斯科地铁最繁忙的一个车站，它与1号线列宁图书馆站、4号线亚历山大花园站和9号线博罗维茨站相联通，构成莫斯科地铁网络中最繁忙的、复杂的交通枢纽。

该站还是莫斯科地铁中最华丽的地铁站，其风格属于典型的"莫斯科巴洛克"。

◎ 站台大厅柱间通道及吊灯

◎ 站台大厅

　　阿尔巴特街的历史几乎与莫斯科城一样悠久，它可以称得上是莫斯科和俄罗斯历史的亲历者和见证人。这里曾驻扎过来自四面八方的商贾马队，也经受过鞑靼铁蹄的蹂躏践踏，还遭到过德寇飞机的狂轰滥炸，著名的老阿尔巴特市场就毁于敌机的空袭。

　　该站的设计理念是复现老阿尔巴特昔日的辉煌。建筑师以宏大的空间、繁复的造型、炫耀的装饰、华丽的吊灯仿佛再造了一条繁华的地下街道。置身其中，似乎回到托尔斯泰"战争与和平"的帝俄时代。

◎ 月台候车厅

开通时间：1958年5月1日

建筑师：弗·列别杰夫、巴·施捷列尔

地面站厅设计师：伊·塔拉诺夫、弗·金兹堡

结构工程师：奥·巴尔杰涅娃

建筑类型：三拱塔柱深埋式车站

Дата открытия: 01 мая 1958

Архитекторы станции: В. Лебедев, П. Штеллер

Архитекторы вестибюлей: И. Таранов, В. Гинзбург

Инженеры-конструкторы: О. Бартенева

Конструкция: Пилонная трёхсводчатая глубокого заложения.

◎ 站台大厅塔柱1

　　和平大街站以同名街道命名。1966年以前，该站一直使用植物园站名。它是20世纪50年代中后期，即赫鲁晓夫"解冻"新政以后，苏联艺术思潮及建筑理念发生重大转折时期的代表性作品，该站站台高大宽阔，塔柱方正雄浑，艺术装饰简洁明快。

　　它充分反映了莫斯科地铁由斯大林时代的宏大繁复向赫鲁晓夫时期的简单实用的风格过渡与转变。

© 站台大厅塔柱2

第三部分　安乐祥和：20世纪60年代–90年代末

　　20世纪50年代苏共二十大以后，苏联建筑界随着赫鲁晓夫"解冻"思潮的到来而进入新的文艺发展阶段，莫斯科地铁建设的思想也随之相应地发生了重大改变，由原来追求外在形式的高大上转变为注重内在功能的简洁实用与经济节省以及标准化的工业生产。

　　20世纪70、80年代，在勃列日涅夫执政时期，苏联的政治思潮和文化气氛表现为社会的安逸与时代的"停滞"，与之相对应，莫斯科地铁又出现了宽敞明亮、装饰精美的车站，但此时的辉煌却失去往日的激情与豪迈。

　　20世纪90年代，苏联解体前后，俄罗斯进入政治、经济和社会转轨的动荡时期，莫斯科地铁建设自然也是江河日下。衰败的国力和休克疲软的经济已无力支撑新建地铁的财政支出，当时的设计一减再减，经费一省再省，难能可贵的是，此时的莫斯科地铁却仍然创作出不少与时代形成巨大反差的精巧与灵动之作！

◎ 航空发动机站月台候车厅

开通时间：1966年12月31日

建筑师：尤·科列斯尼科娃、尤·弗多温

结构工程师：格·苏沃洛夫

建筑类型：三跨立柱浅埋式车站

Дата открытия: 31 декабря 1966 года

Архитекторы станции: Ю. Колесникова, Ю. Вдовин.

Инженеры-конструкторы: Г. Суворов.

Конструкция: Колонная трёхпролётная мелкого заложения.

◎ 月台侧墙上的艺术装饰

无产者站以同名辖区命名，该站是20世纪60年代赫鲁晓夫时期建设的车站，具有建筑设计定型化、建材生产工业化、站台空间狭小、艺术装饰简单的特点。

该站采用标准化定型设计。沿纵向分布两排立柱，它们将站台空间分隔成中厅与左、右候车月台三个部分。中厅高4米，岛宽10米，立柱呈正方形，每排40个，柱间距4米；月台侧墙上部装贴白色瓷砖，底部贴黑色大理石饰带，墙上装饰有镰刀锤子图案的铝制画板，该画板是站台唯一的艺术装饰元素。

© 月台候车厅局部

开通时间：1978年9月29日

建筑师：列·巴格烈博诺伊

画家、雕塑家：尤·科罗廖夫

结构工程师：列·萨奇科娃

建筑类型：三跨立柱浅埋式车站

Дата открытия: 29 сентября 1978

Архитекторы станции: Р. Погребной

Художники, скульпторы: Ю. Королев

Инженеры-конструкторы: Л. Сачкова

Конструкция: Колонная трёхпролётная мелкого заложения.

◎ 月台侧墙及装饰

斯维勃洛沃站地处莫斯科郊外，以所在同名新区命名。该站属20世纪70年代标准化设计，其平面呈蜈蚣状，也被形象地比喻成"节肢动物"型车站。

该站以俄罗斯北部和东北部的城市标志为装饰艺术主题，其作品表现20世纪60年代萨维洛夫与雅罗斯拉夫方向的铁路沿线的城市。画家尤·科罗廖夫以札戈尔斯克、谢尔盖耶夫镇、阿布拉姆佐沃、乌格里奇、卡斯特罗马、托尔布欣等城市的市徽、标志物和景观为蓝本，制作48幅小型马赛克彩色镶嵌画，并将其装饰在月台侧墙上；此外，他还根据俄罗斯童话故事绘制了2幅色彩艳丽的大型壁画，装贴在站台的南北进出口处。

СВИБЛОВО

© 站台大厅

开通时间：1958年5月1日

建筑师：阿·列依费尔德斯、维·阿普西吉斯

画家、雕塑家：斯·克拉维茨、格·戈卢别夫、
　　　　　　　尤·科列斯尼科娃

结构工程师：拉·萨奇科娃

建筑类型：三拱塔柱深埋式车站

Дата открытия: 01 мая 1958

Архитекторы станции: А. Рейнфельдс,В. Апситис

Архитекторы вестибюлей: С. Кравец, Г. Голубев,Ю.Колесникова

Инженеры-конструкторы: Л. Сачкова

Конструкция: Пилонная трёхсводчатая глубокого заложения.

◎ 站台大厅及塔柱

里加站以莫斯科的同名火车站命名。里加是苏联拉脱维亚共和国的首府，该站的设计由两位拉脱维亚的建筑师阿·列依费尔德斯和维·阿普西吉斯完成。两位建筑师特别偏好人工材料，完全拒绝使用天然材料，并以红黄白三色为基调，用明亮的红色瓷片、鲜艳的柠檬黄瓷板与纯粹的白色墙面装饰站台，使其成为莫斯科地铁中独一无二的车站，莫斯科人戏称它为"培根夹鸡蛋"。

© 地面站厅前雕塑及休闲酒吧

开通时间： 1958年5月1日

建筑师： 尼·贝科娃、伊·塔拉诺夫等

画家、雕塑家： 泽·维特洛娃、
穆·帕德高尔娜亚

结构工程师： 玛·戈罗温诺娃、拉·萨奇科娃

建筑类型： 三拱塔柱深埋式车站

Дата открытия: 01 мая 1958

Архитекторы станции: Н. Быкова, И. Таранов

Художники, скульпторы: З. Ветрова, М. Подгорная

Инженеры-конструкторы: М. Головинова, Л. Сачкова

Конструкция: Пилонная трёхсводчатая глубокого заложения.

◎ 地面站厅局部及近旁的征服宇宙纪念碑

国民经济成就展览会是苏维埃时代全面展示苏联国民经济伟大成就的大型园林化展览城，该站因地处此地而得名。

国民经济成就展览会站简洁、明快、优雅而又漂亮，站台中厅的艺术装饰以少取胜，除塔柱间通道装饰的绿色弧线，以及换气口的金色铁艺栅窗与车站中厅的水晶枝形吊灯外，似乎看不到其他形式的艺术装饰。

该站北面的地面站厅建于20世纪50年代末，它采用造型美观的方柱圆厅结构，与近旁高耸入云的征服宇宙纪念碑相映成趣。

◎ 站台大厅局部

M 6号线 **植物园站**
Ботанический сад

开通时间：1978年9月29日

建筑师：尼·捷姆契斯基、尤·康列斯尼科娃

地面站厅设计师：尼·捷姆契斯基、
　　　　　　　　尤·康列斯尼科娃

结构工程师：拉·萨奇科娃、塔·普拉采洛娃

建筑类型：三跨立柱浅埋式车站

Дата открытия: 29 сентября 1978

Архитекторы станции: Н. Демчинский,Ю. Колесникова

Архитекторы вестибюлей: Н. Демчинский, Ю. Колесникова

Инженеры-конструкторы: Л. Сачкова, Т. Процерова

Конструкция: Колонная трёхпролётная мелкого заложения.

◎ 地面站厅建筑外景

植物园站以俄罗斯科学院的同名植物园命名。

该站结构采用标准化设计，站台装饰非常简单，仅在月台的侧墙上镶贴5对带有苹果、葡萄、稻谷、花卉和草木图案的铜制版画；该站照明也极为昏暗，程度无以复加。然而，与之形成强烈对比的是，它的地面站厅宽敞明亮、花草繁茂，一派生机勃勃景象。

© 地面站厅内景

M 8号线 航空发动机站
Авиамоторная

开通时间：1979年12月30日

建筑师：阿·斯特列里科夫、弗·克洛科夫、
　　　　尼·捷米契斯基、尤·科列斯尼科娃

画家、雕塑家：阿·莫西丘克

结构工程师：叶·巴尔斯基

建筑类型：三拱立柱深埋式

Дата открытия: 30 декабря 1979

Архитекторы станции: А. Стрелков, В. Клоков,
　　　　　　　　　　Н. Демчинский, Ю. Колесникова

Художники, скульпторы: А. Мосийчук

Инженеры-конструкторы: Е. Барский

Конструкция: Колонная трёхсводчатая глубокого заложения.

◎ 站台大厅

　　航空发动机站得名于同名街道，以纪念苏联航空事业的杰出成就与功业。

　　该站以"航空与飞翔"为装饰主题。在站台中央大厅的拱顶上，悬吊着由无数小"金字塔"组成的巨大金色顶棚，仿佛童话世界里空中漂浮的金色飞毯；镶嵌其中的灯具，又似夜空中一颗颗闪亮的星星；大厅端墙处装饰有一幅银白色的金属浮雕，天使般的姑娘轻歌曼舞、随风飘动，背景上不同时代的苏联飞机与之相伴飞行。

© 站台大厅端墙金属装饰作品

开通时间：1979年12月30日

建筑师：尼·阿列申娜、弗·沃罗维奇

画家、雕塑家：米·阿列克谢耶夫

结构工程师：叶·巴尔斯基、尼·朱可夫、
尤·穆罗姆采夫

建筑类型：三拱立柱深埋式车站

Дата открытия: 30 декабря 1979

Архитекторы станции: Н. Алешина, В. Волович

Художники, скульпторы: М. Алексеев

Инженеры-конструкторы: Е. Барский, Н. Жуков, Ю. Муромцев

Конструкция: Колонная трёхсводчатая глубокого заложения.

◎ 月台侧墙站名及指示标识

　　该站以全世界无产阶级者的革命导师、科学社会主义的创始人，伟大的政治家、哲学家、经济学家和革命理论家马克思的名字命名。站台结构采用20世纪70年代的模式化定型设计。

　　为了表现无产阶级革命导师这一神圣主题，站台立柱、端墙及月台侧墙都镶贴红色和粉色的大理石，进出口端墙上装饰着寓意开创人类历史新纪元和燃烧升腾的燎原之火的马赛克抽象画，地板也铺砌红色的八角星。据说，马克思站是莫斯科地铁中红色元素最多的车站。

© 月台候车厅

开通时间：1986年1月1日

建筑师：列·波波夫、弗·沃洛维奇

地面站厅设计师：列·波波夫、弗·沃洛维奇、
　　　　　　　　格·穆尼

画家、雕塑家：伊·尼古拉耶夫

结构工程师：叶·巴尔斯基

建筑类型：三拱塔柱深埋式车站

Дата открытия: 01 января 1986

Архитекторы станции: Л. Попов, В. Волович

Архитекторы вестибюлей: Л. Попов, В. Волович, Г. Мун

Художники, скульпторы: И. Николаев

Инженеры-конструкторы: Е. Барский

Конструкция: Пилонная трёхсводчатая глубокого заложения.

◎ 换乘站站间通道

博罗维茨站以莫斯科克里姆林宫的同名塔楼命名。该站建筑采用20世纪80年代的标准化定型设计。

博罗维茨站的设计构思及其元素均来源于莫斯科克里姆林宫的城墙，白色代表德米特里·顿斯科伊大公时代的白石莫斯科，红色象征伊凡三世时期的莫斯科以及苏维埃时代的红色首都。

УКРАИНСКАЯ ССР · БЕЛОРУССКАЯ ССР · РОССИЙСКАЯ ФСР · ГРУЗИНСКАЯ ССР · АРМЯНСКАЯ ССР · АЗЕРБАЙДЖ

ССР · ЛИТОВСКАЯ ССР · ЛАТВИЙСКАЯ ССР · ЭСТОНСКАЯ ССР · ТУРКМЕНСКАЯ ССР · КАЗАХСКАЯ ССР · УЗБЕКСКАЯ ССР · ТАДЖИКСКАЯ ССР · КИРГИЗ

站台大厅端墙壁画

M 9号线 **契诃夫站**
Чеховская

开通时间：1987年12月31日

建筑师：弗·切列明、阿·维格多罗夫

地面站厅设计师：弗·切列明、阿·维格多罗夫

画家、雕塑家：巴·肖尔乔夫、列·肖尔乔娃

结构工程师：谢·图列斯基、塔·冉罗娃

建筑类型：三拱塔柱深埋式车站

Дата открытия: 31 декабря 1987 года

Архитекторы станции: В. Черемин, А. Вигдоров

Архитекторы вестибюлей: В. Черемин, А. Вигдоров

Художники, скульпторы: П. Шорчев, Л. Шорчева

Инженеры-конструкторы: С. Туренский, Т. Жарова

Конструкция: Пилонная трёхсводчатая глубокого заложения.

◎ 月台侧墙壁画

　　该站是以俄国大文豪安东·契诃夫的名字命名。契诃夫（1860–1904），俄国伟大的剧作家和短篇小说之王，他的短篇小说《变色龙》《小公务员之死》以及戏剧作品《樱桃园》《万尼亚舅舅》和《三姊妹》等被我国读者和观众所熟知。该站站台装修表现了契诃夫的文学世界，整个车站俨然成为一座契诃夫的文学作品画廊。

© 站台大厅局部

开通时间：1988年12月31日

建筑师：弗·菲利波夫

地面站厅设计师：尤·舍威尔迪亚耶夫、
　　　　　　　　米·菲利德曼

画家、雕塑家：弗·卡列尼斯基

结构工程师：谢·图列斯基

建筑类型：三拱塔柱深埋式车站

Дата открытия: 31 декабря 1988 года

Архитекторы станции: В. Филиппов

Архитекторы вестибюлей: Ю. Шевердяев, М. Фельдман

Художники, скульпторы: В. Каленский

Инженеры-конструкторы: С. Туренский

Конструкция: Пилонная трёхсводчатая глубокого заложения.

◎ 站台大厅玻璃彩画

　　花园林荫道站以同名街道命名。该站采用典型的三拱塔柱式定型设计，站台中厅拱形直径9.5米，月台隧道直径8.5米，塔柱装饰白色大理石贴面，月台侧墙贴黄色和褐色大理石，地板铺砌暗红色花岗石。

　　该站因位于俄罗斯马戏团和老马戏剧场附近而热闹非凡。其艺术构思是模仿地上的景观，将花园林荫道搬到了地下。为此，站台大厅装饰得恍若花木繁盛的花园林荫道和悬挂五彩幡帷的跑马厅长廊；在站台过厅端墙上镶贴着一幅大型玻璃彩画，画作主题为马戏团，画中人物是苏联和俄罗斯马戏三巨头尤里·尼库林、米哈依尔·舒伊金和奥列格·波波夫。

© 车站过厅端墙上的装饰壁画

M *9号线* 门捷列夫站
Менделеевская

开通时间：1988年12月31日

建筑师：尼·阿列申娜

画家、雕塑家：列·克里姆涅娃

结构工程师：谢·图列斯基

建筑类型：三拱立柱深埋式车站

Дата открытия: 31 декабря 1988 года

Архитекторы станции: Н. Алешина

Художники, скульпторы: Л. Кремнева

Инженеры-конструкторы: С. Туренский

Конструкция: Колонная трёхсводчатая глубокого заложения.

◎ 站台大厅柱间通道

该站以俄国著名科学家门捷列夫的名字命名。

德米特里·门捷列夫生于1834年，卒于1907年，是化学元素周期律的发现者。2019年是门捷列夫编制化学元素周期表150周年，联合国教科文组织对他的科学贡献评价道："元素周期表是科学史上最卓著的发现之一，刻画出的不仅是化学的本质，也是物理学和生物学的本质。"2019年被确定为"化学元素周期表国际年"。

该站装修以"化学"为主题。大厅端墙上装饰名为"门捷列夫的梦"的浮雕作品，画作以门捷列夫的头像为构图中心，元素符号作为背景。此时，科学家似乎正处于冥睡之中，一个个原子各归其位飞向方正的格子之中。有趣的是，这些元素按质量大小有规律地排列，并组成了一张表格。这就是科学史上名垂青史的门捷列夫之梦。

© 站台大厅

开通时间：1991年3月1日

建筑师：弗·切列明、阿·维格多罗夫、
　　　　列·巴尔泽尼科夫

画家、雕塑家：巴·肖尔乔夫、列·肖尔乔娃

结构工程师：艾·齐尔尼亚科娃、玛·别洛娃

建筑类型：单拱深埋式车站

Дата открытия: 1 марта 1991 года

Архитекторы станции: В. Черемин, А. Вигдоров, Л. Борзенков

Художники, скульпторы: П. Шорчев, Л. Шорчева

Инженеры-конструкторы: Э. Чернякова, М. Белова

Конструкция: Односводчатая глубокого заложения.

◎ 站台大厅

　　该站以俄罗斯同名的农业科学院相冠名。季米里亚泽夫（1843–1920）是俄国杰出的植物生理学家，因发现著名的光合作用原理而誉闻名于世。

　　该站属钢混衬砌、底层压轧的单拱深埋式车站，此类型被称为"列宁格勒型"，在莫斯科地铁中仅此一例。它的站台总宽19米，岛宽11米，上拱直径21米，月台至拱顶12.77米，站台全长282米。站台中轴安装有一排高度为4米、模仿鲜花盛开的不锈钢雕塑，花瓣内藏灯具，在拱形顶棚上投射出一道道美丽的弧形光影。站台出口上方装饰两组表现"自然与人"的大型壁画，它们艺术地再现了季米里亚泽夫和他的同事们忘我的工作情景。

© 站台大厅不锈钢灯具局部

开通时间：1995年12月28日

建筑师：列·波波夫、乔·伊姆博里季、
　　　　尼·拉斯杰格尼亚耶娃

画家、雕塑家：列·贝尔里尼

结构工程师：叶·巴尔斯基、谢·图列斯基、
　　　　　　玛·别洛娃

建筑类型：三拱立柱深埋式车站

Дата открытия: 28 декабря 1995

Архитекторы станции: Л. Попов, Ж. Имбриги, Н. Расстегняева

Художники, скульпторы: Л. Берлин

Инженеры-конструкторы: Е. Барский, С. Туренский, М. Белова

Конструкция: Колонная трёхсводчатая глубокого заложения

◎ 车站过厅端墙处雕塑喷泉

　　该站以莫斯科的友好城市、意大利首都罗马命名。该站装饰主题为"罗马的名胜古迹"。在设计中，特邀意大利著名建筑师和画家、雕塑家参与工作。画家、雕塑家贝尔里尼创作的4幅徽形圆雕作品装饰在站台两侧，另外一组雕塑喷泉以传说中古罗马城的奠基人孪生兄弟罗慕洛和勒莫为主角，安置在站厅通道的端墙处。这座雕塑喷泉是现今莫斯科地铁中唯一一座地下喷泉。

© 雕塑喷泉局部

◎ 站台大厅

　　该站由俄罗斯建筑师与意大利建筑师共同设计，他们使用不同种类的大理石装贴站厅的柱子和墙面，用黑、红和灰色三种花岗石铺砌地面，使用铝合金型材装饰拱形吊顶。该站在古典造型中成功融入现代元素，形成新时代的古典风格。

◎ 站台大厅装饰雕塑

M 10号线 **伏尔加站**
Волжская

开通时间：1995年12月28日

建筑师：弗·沃洛维奇、格·穆尼、尼·舒马科夫

结构工程师：叶·巴尔斯基、玛·别洛娃、
季·马扎尼克

建筑类型：单跨浅埋式车站

Дата открытия: 28 декабря 1995 года

Архитекторы станции: В. Волович, соавторы Г. Мун, Н. Шумаков

Инженеры-конструкторы: Е. Барский, М. Белова, Т. Мазаник

Конструкция: Однопролётная мелкого заложения.

◎ 站台大厅

伏尔加站以同名的林荫道命名。

该站采用个性化设计，通过钢筋混凝土预装构件组装而完成。在结构方面，它埋身仅8米，是莫斯科地铁中第一座将地面站厅和地下站台作为一体而设计完成的车站。在装饰材料方面，站台侧墙使用新型铝合金涂层型材，上部呈白色，下部为红色；站台中央新颖别致的一排灯架也为大厅增色不少。

站台大厅灯具

M 10号线 科茹霍夫站
Кожуховская

开通时间：1995年12月28日

建筑师：阿·维戈多罗夫、列·博尔泽尼科夫

结构工程师：谢·克梅什、艾·哈努科娃、
狄·萨维丽耶娃

建筑类型：单拱浅埋式车站

Дата открытия: 28 декабря 1995 года

Архитекторы станции: А. Вигдоров, Л. Борзенков

Инженеры-конструкторы: С. Кемеж, Э. Ханукова,Д. Савельева

Конструкция: Односводчатая мелкого заложения.

◎ 站台大厅

科茹霍夫站以同名街道命名。20世纪50~70年代，该地区建为莫斯科城市新区，附近建有莫斯科最早的大型汽车交易市场。故此，该车站的装修主题确定为"汽车工业的发展"。

该站站台大厅以浅色主调营造宽敞开阔的视觉效果，侧墙使用线条明快的铝合金型材，地面铺设中灰色调花岗石，灯饰为暗红色调，色彩醒目，造型时尚。

© 站台大厅局部

开通时间：1999年12月11日

建筑师：弗·菲利波夫、斯·贝利娅科娃

画家、雕塑家：祖·采列捷里

结构工程师：叶·巴尔斯基、玛·别洛娃

建筑类型：三拱墙柱深埋式

Дата открытия: 11 декабря 1999

Архитекторы станции: В. Филиппов, С. Белякова

Художники, скульпторы: З. Церетели

Инженеры-конструкторы: Е. Барский, М. Белова

Конструкция: Колонно-стеновая трёхсводчатая глубокого заложения.

◎ 站台大厅墙柱及通道

杜博罗夫卡，俄语为橡树之意。该站得名于同名小镇。

杜博罗夫卡站采用20世纪90年代的标准化结构设计。在装饰色彩和照明设置方面，该站突出浅亮效果；地面上铺设黑、白、红三色相间的花岗石，形成反差较大、空间深远的视觉效果。特别值得一提的是，站台大厅端墙处色彩变换的玻璃彩画。它时而好似鸟儿飞过的茂密树林，时而又像冬去春来的轮回四季，时而还似斗转星移的遥远星空。

© 站台大厅及端墙壁画

第四部分　复兴年代：21世纪之初

21世纪初，走出困境的俄罗斯，为实现国家与民族复兴的大国梦想而艰难不屈地奋力前行，莫斯科地铁仍旧是当仁不让的践行者。如今，胜利凯旋、英雄赞歌、文化精英、文明遗产、传统民俗、民族节日等庄严荣耀的爱国主义题材与美好生活的描绘又重回莫斯科地铁，伴随着人们新的生活，记录和见证着新的时代！

◎ 特鲁博纳亚站壁画

M 10号线 陀思妥耶夫斯基站
Достоевская

开通时间：2010年6月19日

建筑师：列·波波夫、尼·拉斯捷格尼娅耶娃

画家、雕塑家：伊·尼古拉耶夫

建筑类型：三拱墙柱深埋式车站

Дата открытия: 19 июня 2010

Архитекторы станции: Л. Попов,Н. Расстегняева

Художники, скульпторы: И. Николаев

Конструкция: Колонно-стеновая трёхсводчатая глубокого заложения.

◎ 站台大厅及墙柱壁画

该站以同名街道命名。1821年，俄罗斯伟大的作家费德尔·陀思妥耶夫斯基就诞生于该街上马林斯基医院的三层小楼，现今这座小楼已辟为陀氏故居博物馆。

该站艺术设计以陀思妥耶夫斯基及其文学作品为主题。画家伊·尼古拉耶夫将陀氏的巨幅马赛克黑白肖像画装贴在过厅的半圆形端墙上，他还根据陀氏的四部长篇小说《罪与罚》《白痴》《群魔》和《卡拉马佐夫兄弟》的情节绘制了4幅黑白壁画，并装饰在站台大厅的4座柱墙上。

◎ 车站过厅端墙壁画

◎ 站台大厅墙柱壁画

在色彩运用方面，为突出主题，车站以黑白为主调，顶棚、柱墙、地板的大理石和花岗石都是非黑即白。许多人认为，陀思妥耶夫斯基站过于"忧郁"和"阴沉"。对此，壁画作者解释道，"如果以陀思妥耶夫斯基为主题，那么车站的设计就理应符合其作品的深邃与悲剧性。"

◎ 站台大厅墙柱及壁画

© 月台候车厅

◎ 车站过厅及站台大厅

M 10号线 **特鲁博纳亚站**
Трубная

开通时间：2007年8月30日

建筑师：弗·菲利波夫、斯·彼特罗西亚、
　　　　阿·卢巴、特·希拉卡泽等

建筑类型：三拱立柱深埋式车站

Дата открытия: 30 августа 2007

Архитекторы станции: В.Филиппов, С. Петросян, А. Рубан,
Т. Силакадзе, Т. Петрова

Конструкция: Колонная трёхсводчатая глубокого заложения.

◎ 站台大厅出口及壁画

　　该站是以同名广场得名。它的艺术主题为"莫斯科与俄罗斯金环上的城市"，画家采列捷里用2幅壁画和12幅玻璃彩画描绘莫斯科与弗拉基米尔、科洛缅斯科耶、苏兹达里、罗斯托夫、基日、普斯科夫、诺夫哥罗德、别列斯拉夫–泽列斯基、巴列赫、雅罗斯拉夫、博戈柳博沃等城市的教堂和名胜古迹。

　　有趣的是，通车之日，有些乘客发现在一幅玻璃彩画上，教堂的金顶没有十字架。而后，有人曾将自己贴身佩戴的十字架和木制十字架粘贴到上面。如果有一天，您光临此站，或许还能看到它们。

© 站台大厅玻璃彩画

M 10号线 斯列杰尼卡林荫道站
Сретенский бульвар

开通时间：2007年12月29日

建筑师：尼·舒马科夫、格·穆尼、
　　　　尼·舒雷金娜等

画家、雕塑家：伊·卢别尼科夫

建筑类型：三拱墙柱深埋式

Дата открытия: 29 декабря 2007

Архитекторы станции: Н. Шумаков, Г. Мун, Н. Шурыгина

Художники, скульпторы: И.Лубенников

Конструкция: Колонно-пилонная трёхсводчатая глубокого
заложения.

◎ 站台大厅

　　斯列杰尼卡站以莫斯科城市历史文化中心区域的同名林荫道命名，
该站位于屠格涅夫广场、清水池塘及同名林荫道附近。

　　从色调上看，车站大厅呈浅亮调。拱形顶棚为白色，墙柱装贴浅灰
色大理石，地板为黑灰相间的棋盘格。

　　在艺术装饰方面，画家伊·卢别尼科夫绘制了22幅呈现人物和景物
轮廓的金属刻蚀版画，它们被装饰在墙柱的壁龛中。这些作品中的每一
幅都独立成章、寓意丰富，其中有文学家普希金、果戈理，科学家季米
里亚泽夫等的雕像，还有市民、树木以及林荫道的影像。

◎ 站台大厅及艺术装饰

M 3号线 胜利公园站
Парк Победы

开通时间：2003年5月6日	Дата открытия: 06 мая 2003
建筑师：娜·舒蕾金娜、尼·舒马科夫	Архитекторы станции: Н. Шурыгина, Н. Шумаков
画家、雕塑家：祖·采列捷里	Художники, скульпторы: З. Церетели
结构工程师：叶·巴尔斯基、阿·泽梅里曼	Инженеры-конструкторы: Е. Барский, А. Земельман
建筑类型：三拱塔柱深埋式	Конструкция: Пилонная трёхсводчатая глубокого заложения.

◎ 北站台大厅端墙壁画

　　胜利公园站以同名公园命名，它是极具特色的、拥有双站台的同台换乘车站。胜利公园地处莫斯科西部俯首山，与莫斯科凯旋门、1812卫国战争胜利全景画纪念馆、1941–1945第二次卫国战争胜利纪念馆和圣乔治教堂等名胜为邻，是莫斯科乃至俄罗斯最重要的卫国战争胜利纪念地。

　　该站埋深84米，是莫斯科地铁中最深的、全球地铁中深度位居第三的车站；南站台与地面站厅相连的扶手电梯长126米，不仅是莫斯科地铁中最长的，也是欧洲地铁之最。

© 南站台大厅端墙壁画局部

◎ 南站台大厅

　　胜利公园站的两个站台分别由建筑师娜·舒蕾金娜和尼·舒马科夫独立设计完成，他们采用"镜像"设计，使用相同结构、相对色调。南站台是白色门廊、棕色墙壁，北站台则是棕色门廊、白色墙壁；南站台铺灰色和黑色的花岗岩地板，贴白色拱顶；北站台饰灰色和棕色花岗石地板，也为白色拱顶。

© 北站台大厅

谨以此书献给：大美与共的莫斯科地铁和方兴未艾的中国城市轨道交通事业！

致 谢

　　"十年磨一剑"。恍惚间突然发觉，一个十年已经过去，又一个十年也即将逝去。真可谓流年似水，时不我待，于是便不能不只争朝夕了。的确，此书从拍照、构思，再到整理、编辑、成书，大约用去了十多年的光景，确切地说是近二十年的时间。作者自认为是，著作此书是以"十年磨一剑"的执着精神，经过铸造、锻打、淬火、磨砺等匠人般精益求精的工艺，试图把"剑"磨得锋利而又光亮，然而由于功力所限，此"剑"的利与韧、锐与固、光与亮还需提高。

　　十多年的寒来暑往，十多年的风雨彩虹，"感谢"是我想说的两个字！

　　感谢北京交通大学国际教育中心刘彦青主任的慧眼相助，感谢新中国城市轨道交通事业的开拓者和建设者、德高望重的施仲衡院士及先生的夫人李太慧学长的热心指教与帮助，两位前辈学长的鼓励使我信心与力量倍增；感谢北京交通大学关忠良副校长在百忙中为本书题写序言；感谢中国建筑工业出版社老领导彭涛的举荐，感谢贺伟编辑对书稿事无巨细的指导、修改和完善，感谢李东禧和吴绫主任的支持；感谢好友尚俊义的鼎力帮助，感谢李茜所付出的无数辛劳。正是因为他们的帮助，才使得我书架上凌乱的草稿和照片变成精美的图书画册！

　　感谢挚友武宪功、张宝崑、李萌、胡明、黎晓壮、乔晓威、汪起帆、仝枚、赵喜晶和范忠胜，感谢中国驻俄罗斯使馆公使衔教育参赞于继海老师，感谢张励忠、李建勇二兄长和刘志明教授，感谢留学年代的好友李玉霞、欧阳喜玉、何滨、陈志刚、王子朴、马懿晗。他们一如既往地用真挚的友谊与无私的帮助来支持、鞭策和鼓励我，使得我即便在跌倒时还想、还能爬起来并笃定前行！

　　感谢我的妻子和儿子，还有我的家人和亲友，他们的理解、宽容、支持和帮助让我勇往直前、不虚此生！

　　最后，感谢所有支持和帮助我的亲朋好友！

图书在版编目（CIP）数据

地下宫殿：莫斯科地铁／张淘著. —北京：中国建筑工业出版社，2019.9
ISBN 978-7-112-23968-9

Ⅰ.① 地… Ⅱ.① 张… Ⅲ.① 地下铁道车站-建筑设计-莫斯科 Ⅳ.① TU921

中国版本图书馆CIP数据核字（2019）第138510号

责任编辑：贺　伟　吴　绫　李东禧
责任校对：张惠雯　赵听雨
策划指导：刘彦青
俄文翻译：欧阳喜玉
俄文校对：欧阳喜玉
版式设计：诗情画意（北京）文化传媒有限公司

地下宫殿　莫斯科地铁

张淘　著

*

中国建筑工业出版社出版、发行（北京海淀三里河路9号）

各地新华书店、建筑书店经销

北京锋尚制版有限公司制版

北京富诚彩色印刷有限公司印刷

*

开本：880×1230毫米　1/16　印张：9½　字数：210千字

2019年10月第一版　2019年10月第一次印刷

定价：**98.00**元

ISBN 978-7-112-23968-9

（34265）